AF542656

DECLARATION DV ROY,

PORTANT QVE TOVTES LES ESPECES d'or & d'argent, tant de France qu'estrangeres, soit de poids ou legeres, à la reserue des Loüis d'or & d'argent, Escus d'or, & de la Pistolle d'Espagne de poids, sont décriées; & que durant trois mois, les Loüis d'or & la Pistolle seront exposez pour onze liures, les Escus d'or pour cinq liures quatorze sols, & les Loüis d'argent pour trois liures six sols; aprés lequel temps lesdits Loüis, Escus d'or & Pistolles, ne seront plus exposez qu'au prix porté par les Declarations de sa Maiesté.

Registrée en la Cour des Monnoyes le 4. iour d'Auril 1652.

A PARIS,
Chez SEBASTIEN CRAMOISY, Imprimeur ordinaire du Roy, & de la Reyne, & de la Cour des Monnoyes.

M. DC. LII.
Auec Priuilege de sa Maiesté.

LOVIS par la grace de Dieu Roy de France & de Nauarre : Nous auons par noſtre Declaration, donnée à Paris le onziéme iour de Decembre 1650. décrié de tout cours & miſe les Reaux d'Eſpagne fabriquez au Perou, pour empeſcher le ſurhauſſement de nos monnoyes, & les dommages & pertes que ſouffrent nos Suiets, par l'introduction deſdits Reaux alterez de plus du quart dans leur fin ; & pour la commodité de nosdits Suiets, Nous auons permis par nostredite Declaration, l'exposition des autres Reaux pour leur prix ordinaire, cõme aussi des Quarts d'Escu de poids. Mais la peine qui s'est trouuée à distinguer lesdits Reaux du Perou d'auec les autres, mesmes l'exposition des Quarts d'Escu à vingt & vn sol, & des autres especes d'argent, a fait que le peuple de son mouuement a surhaussé les bonnes monnoyes d'or & d'argent appellées Loüis : ce qui est venu à tel excés, que lesdits Loüis s'exposent communément à douze liures, & les Escus Loüis d'argent à trois liures dix sols, & les diminutions tant d'or que d'argent à proportion; ce qui fait que toutes les marchandiſes, & les menuës denrées qui ſeruent au menu peuple, augmentent tous les iours à la ruine de nos Suiets. A quoy eſtant neceſſaire de remedier, & empeſcher que nos Suiets ne ſurhauſſent nos monnoyes à plus haut prix que celuy porté par noſtredite Declaration du onziéme Decembre 1650. Sçauoir faiſons, qu'aprés auoir fait mettre cette affaire en deliberation en noſtre Conſeil, de l'aduis de la Reyne noſtre tres-honorée Dame & Mere, & autres grands, & notables perſonnages de noſtredit Conſeil, Nous auons décrié de tout cours & miſe tous les Reaux d'Eſpagne, tant ceux du Perou qu'autres, tous les Quarts d'Eſcu legers & de poids, Teſtons & autres monnoyes blanches; enſemble toutes les eſpeces d'or étrangeres, à la reſerue des Piſtolles d'Eſpagne de poids: Defendons l'expoſition deſdites eſpeces dans noſtre Royaume, païs, terres & Seigneuries de noſtre obeïſſance, à peine de confiſcation d'icelles, & de mil liures d'amende: Faiſant tres-expreſſes inhibitions & defenſes aux Treſoriers, Receueurs & Comptables, & à tous nos Officiers & Suiets, d'expoſer ny receuoir les Loüis d'or, & Piſtolles d'Eſpagne à plus de dix liures, les Eſcus d'or à plus de cinq liures quatre ſols, & les Loüis d'argent à plus de trois liures, & leurs diminutions à proportion, à peine de confiſcation, & de mil liures d'amende pour la premiere fois, & de punition corporelle pour la ſeconde. Et neantmoins faiſant conſideration de la perte que pourroient faire nos Suiets tout à coup en l'expoſition de nos monnoyes, Nous permettons de receuoir pendant trois mois ſeulement, les Loüis, & Piſtolles d'Eſpagne à onze liures, les Eſcus d'or à cinq liures quatorze ſols, & les Loüis d'argent à trois liures ſix ſols, & les diminutions à proportion : Et lesdits trois mois passez à commencer du premier Iuillet prochain, Nous en defendons l'exposition à plus haut prix que de dix liures les Loüis d'or, cinq liures quatre sols les Escus d'or, & trois liures les Loüis d'argent, & les diminutions à proportion. SI DONNONS en mandement à nos amez & feaux Conseillers les Gens tenans nostre Cour des Monnoyes, que ces presentes ils fassent registrer, & executer de poinct en poinct selon leur forme & teneur, sans souffrir qu'il y soit contreuenu : Car tel est nostre plaisir. Donné à Blois le vingt-troisiéme iour de Mars l'an de grace 1652. & de nostre

noſtre regne le neufuiéme. Signé, LOVIS, & ſur le reply, Par le Roy, DE GVENEGAVD, & ſcellé du grand ſceau de cire iaune ſur double queuë.

Et ſur le reply eſt encore écrit:

Leuës, publiées, & registrées, oüy, & ce requerant le Procureur General du Roy, pour eſtre executées ſuiuant & aux charges portées par l'Arreſt de ce iour. A Paris en la Cour des Monnoyes, le 4. iour d'Auril 1652. Signé, BOVLLE'.

EXTRAICT DES REGISTRES de la Cour des Monnoyes.

VEV par la Cour les Lettres patentes du Roy en forme de Declaration à elle adreſſantes, données à Blois le vingt-troiſiéme Mars dernier, signées LOVIS, & sur le reply, Par le Roy, DE GVENEGAVD, & scellées du grand sceau de cire iaune sur double queuë : par lesquelles sa Maiesté pour les causes y contenuës, décrie de tout cours & mise tous les Reaux d'Espagne tant du Perou qu'autres, les Quarts d'écu legers & de poids, Testons & autres monnoyes blanches, ensemble toutes les especes d'or estrangeres, à la reserue des Pistolles d'Espagne de poids ; auec defenses d'exposer lesdites especes décriées dans son Royaume, pays, terres & seigneuries de son obeyssance, à peine de confiscation, & de mil liures d'amende : faisant pareilles defenses à toutes personnes, Tresoriers, Receueurs & Comptables, & à tous ses Officiers & Suiets d'exposer ny receuoir les Louis d'or & Pistolles d'Espagne à plus de dix liures, les Escus d'or à plus de cinq liures quatre sols, & les Louis d'argent à plus de trois liures, & leurs diminutions à proportion, à peine de confiscation & de mil liures d'amende pour la premiere fois, & de punition corporelle pour la seconde : & neantmoins sa Maiesté faiſant conſideration de la perte que pourroient faire ſes Suiets tout à coup en l'expoſition de ſes monnoyes, permet de receuoir durant trois mois ſeulement les Louis d'or, & Piſtolles d'Eſpagne à onze liures, les Eſcus d'or à cinq liures quatorze ſols, & les Louis d'argent à trois liures ſix ſols, & les diminutions à proportion: & leſdits trois mois paſſez à commencer du premier Iuillet prochain defend d'expoſer à plus haut prix que de dix liures les Louis d'or, cinq liures quatre ſols les Eſcus d'or, & trois liures les Louis d'argent, & les diminutions à proportion: mandant à ladite Cour faire regiſtrer & executer leſdites lettres de Declaration de poinct en poinct ſelon leur forme & teneur, ſans ſouffrir qu'il y ſoit contreuenu. Arreſt du iour d'hier, par lequel il eſt ordonné que ladite Cour deliberera inceſſamment ſur leſdites Lettres: Concluſions dudit Procureur General. La matiere miſe en deliberation, oüy le rapport du Conſeiller à ce commis: Tout conſideré, La Covr a ordonné, & ordonne que ſur le reply deſdites Lettres il ſera mis qu'elles ont eſté leuës, publiées, & regiſtrées, oüy, & ce requerant le Procureur General du Roy, pour eſtre executées ſelon leur forme & teneur, à l'exception ſeulement des Quarts d'Eſcu, Teſtons, Francs, & diminutions deſdites eſpeces, qui ſe trouueront du poids porté par les Ordonnances, dont ſa Maieſté ſera tres-humblement ſuppliée de continuer le cours, & cependant qu'il ſera surſis pour ce chef à l'execution de ladite Declaration. Ordonne en outre ladite Cour, que les Maiſtres des Monnoyes & Changeurs, receuront les eſpeces legeres, & matieres d'or & d'argent, ſuiuant le prix porté par les derniers Tarifs, & eualuations de ladite Cour; leur enioignant de payer leſdites eſpeces, & matieres d'or & d'argent, en eſpeces de poids aux coins & armes de ſa Maieſté, & au prix porté par les dernieres Declarations, ſçauoir en Eſcus d'or à cent quatre ſols, Loüis & double Loüis d'or à cent ſols, & dix liures, & en Loüis d'argent à trois liures, trente, quinze, & cinq ſols; auec defenſes de les expoſer, & diſtribuer pour le payement deſdites matieres,

& eſpeces legeres à plus haut prix, ſur peine de la vie : Faiſant auſſi ladite Cour deſenſes à toutes perſonnes ſur ſemblables peines, de fondre, difformer ny tranſporter hors le Royaume aucunes deſdites Monnoyes décriées, ny aucunes autres matieres d'or, d'argent, ou billon, monnoyées, ou non monnoyées. Et à ce qu'aucun n'en pretende cauſe d'ignorance, que le preſent Arreſt auec leſdites Lettres, ſeront leuës, publiées à ſon de trompe & cry public, & affichées en cette ville & faux-bourgs de Paris, és lieux accouſtumez à la diligence dudit Procureur General, & copies collationnées par le Greffier de ladite Cour, enuoyées dans les Prouinces pour eſtre pareillement publiées, & affichées dans les villes & bourgs de ce Royaume, & regiſtrées dans tous les ſieges des Monnoyes, Bailliages, Preuoſtez, & Seneſchauſſées, à la diligẽce des Subſtituts dudit Procureur General, dont ils certifieront la Cour au mois. Fait en la Cour des Monnoyes les Semeſtres aſſemblez, le quatriéme iour d'Auril mil ſix cens cinquante-deux.

Signé, BOVLLE'.

L'AN *mil six cens cinquante-deux, le Vendredy cinquiéme iour d'Auril, la Declaration du Roy, & l'Arrest cy-dessus de Nosseigneurs de la Cour des Monnoyes ont esté leus, & publiez à son de trompe & cry public, aux Carrefours & autres lieux, tant ordinaires qu'extraordinaires de cette ville & faux-bourgs de Paris, par moy Charles Canto Iuré Crieur ordinaire du Roy en ladite Ville Preuosté & Vicomté de Paris, en la presence de Maistre Iean Gerin premier Huißier en ladite Cour, Iacques Blondel, & Michel Rebours Huißiers en icelle: faisant laquelle publication, i'estois accompagné de trois Trompettes, Iean du Bos, Jacques le Frain,*

& Estienne Chappes dit la Chapelle, Iurez Trompettes de sa Maiesté esdits lieux. Signé, CANTO, GERIN, BLONDEL, & REBOVRS.

Collationné aux originaux par moy Conseiller Secretaire du Roy, Maison & Couronne de France & de ses Finances, Greffier en chef de la Cour des Monnoyes soubsigné.

www.ingramcontent.com/pod-product-compliance
Lightning Source LLC
LaVergne TN
LVHW010019230826
846092LV00002B/904